Mariana Fedorova
Sei Liebe mir. Minnesang

Mariana Fedorova

Sei Liebe mir. Minnesang

Gedichte

EDITION KÖNIGSTUHL

Impressum

© 2021 Edition Königstuhl

Alle Rechte vorbehalten.
Kein Teil dieses Buches darf ohne schriftliche Genehmigung des Verlags re-
produziert werden, insbesondere nicht als Nachdruck in Zeitschriften oder Zei-
tungen, im öffentlichen Vortrag, für Verfilmungen oder Dramatisierungen, als
Übertragung durch Rundfunk oder Fernsehen oder in anderen elektronischen
Formaten. Dies gilt auch für einzelne Bilder oder Textteile.

Bild Umschlag:	Die Stammburg der Ritter von Augheim lag südlich von Müllheim im Breisgau; sie waren Dienstmannen der Markgrafen von Hachberg. Der dargestellte Minne-sänger ist vermutlich der von 1263–1296 urkundlich belegte Brunwart von Augheim.
Bilder Inhalt:	Codex Manesse, Universitätsbibliothek Heidelberg
Gestaltung und Satz:	Stephan Cuber, diaphan gestaltung, Bern
Lektorat:	Manu Gehriger
Texte:	Heidelberger historische Bestände – digital Universitätsbibliothek Heidelberg, Cod. Pal. germ. 848 Große Heidelberger Liederhandschrift (Codex Manesse) – Zürich, ca. 1300 bis ca. 1340
Druck und Einband:	CPI books GmbH, Ulm
Verwendete Schriften:	Suisse Works Book
Papier:	Umschlag, 140g/m², Freelife Merida, unveredelt Inhalt, 90g/m², Werkdruck, holzfrei

ISBN 978-3-907339-08-4
Printed in Germany

www.editionkoenigstuhl.com

Omnia vincit amor

Für den Abdruck ihres wissenschaftlichen Textes über den Codex Manesse danke ich Frau Dr. Maria Effinger und für den Abdruck ausgewählter Miniaturen aus dem Codex Manesse der Universität Heidelberg.

deiner Liebe
Sehnsucht
will ich sein
sei du
die Erfüllung
meines Wollens
sei Liebe mir

1

aus meinem
inneren
Tabernakel
schenke
ich dir
die letzten
zwei Tränen
geweint
zu Perlen
gewandelt
durch dein
Lied

2

singe
meiner
Sehnsucht
zu Füssen
das Lied
des Windes
in meinem
Haar
aus Küssen
gewirktes
Kleid
geworfen
über die
Nacktheit
der Nacht

3

in deinen
Augen
die Seligkeit
der Nacht
auf deinen
Lippen
das Lächeln
des Mondes
in deinem
Ohr
der Klang
der Sterne
in deinem
Herzen
das Geheimnis
der Träume

4

behutsam
will ich dich
umarmen
vertrauen
wissen dass
du mich
schonst und
nicht schindest
erhöhst und
nicht erniedrigst
durch deine Liebe
das Wunder
erkennen
niemals
darüber
hinweg eilen
auf immer

5

mit der
Zärtlichkeit des
Schmetterlingsflügels
berührt mich
deine Liebe
im Frühling
sang
die Amsel
ihr Liebeslied
am Brunnenrand
es wurde
Herbst
bis sich
die Liebe
fand

6

in die Tiefe
meines
Schmerzes
trägt mich
dein Lied
in der Reinheit
deiner Liebe
heilt
meine Wunde
die Rosenknospe
öffnet
ihr Herz
allmählich

du teilst
deine Güte
mit mir
gönnst mir
Ruhe
schenkst
Geborgenheit
deine Liebe
kann ich
nicht verlieren
im Herzen
verwahrt
in mir
tragend
wer geliebt hat
wird wieder
lieben
sprach einst
der Tod

in deiner
Liebe
lebe ich
in deiner
Liebe
bin ich
die Geliebte
Träumende
Liebende
Wissende
das Kommende
heilt
das Gehende

das Liedhafte
deiner Liebe
lässt mich
weinen
lindernde
Tränen
tropfen
in das
Tränenglas
das Sanfte
deiner Liebe
lässt
meine Wunde
ohne Narben
heilen
das Starke
deiner Liebe
hält mich fest
will ich
davonlaufen
das Vertrauen
braucht
Geduld
Zeit

am Morgen
flicht
die junge
Weide
am Fluss
ihr grünes
Haar
Sternenstaub
beglänzt
die sanften
Wellen
der Mond
am Himmel
der träumende
Geliebte
nach der
Seligkeit
der Nacht

die Flügel
deines Herzens
halten mich
das Tor
zum Rosengarten
öffnet sich
die zirpenden
Grillen
kurz vor dem
Verstummen
durchsichtig
gläsern
ihr Klang

eine graue
Vogelfeder
steckst du
an die
helle
Rinde der
schwarzen
Föhre
damit ich
von dir
weiss
mich
in deiner
Liebe
finde
federleicht

der Himmel
gibt mir
Antwort
ich liebe dich
nicht meinetwillen
gleichzeitig
frage und
lausche ich
sterbe
um in dir
geboren
zu werden
jenseits
des Vertrauens

am Abend
singt mir
mein Geliebter
Wiegenlieder
die Weichheit
seiner Stimme
streichelt
behutsam
mein Haar
am Himmel
tanzt
der Mond
mit der
Nacht
mit sanften
Schritten
durch die
Dunkelheit

**mit Birkenpech
die Treppe
bestrichen**
damit mein
Silberschuh
kleben bleibt
du mich
am Morgen
findest
nachdem ich
in die Nacht
eilte
leisen Schrittes

**in den Brunnen
der Vergangenheit**
vergoss ich
meine Tränen
sie wurden
zur goldenen
Quelle
mit der Zeit
ein kleiner
Vogel
flog aus ihr
mit gelber
Kehle
und sang
ich bin
dein Mut
bevor er
die Welt
des Lebens
froh beäugte

Vermutlich verbirgt sich hinter dem Dichter ein Mitglied der nordwestlich von Freiburg in Buchheim beheimateten Familie. Zu denken wäre an Walther von Buocheim (belegt 1247-1298) oder an Bruder Johannes von Buocheim (belegt 1283-1290).

mit meinen
Tränen
will ich
deine
Wurzeln
tränken
dir Lieder
singen
Liebe
schenken
geliebter
Apfelbaum
damit du dich
verwandelst

die tief stehende
Morgensonne
lässt
den Bäumen
lange Beine
wachsen
die Rose
trägt ihr
goldgesäumtes
Herbstgewand
entzückt
über den
staunenden
Geliebten

du hast
am Fluss
mein Herz
gefunden
aus weissem
Salz
mir aus
dem Leib
geweint
in vielen
Jahren
ein goldenes
Herz
schenkst
du mir
deines

deine Klänge
tropfen
vom Himmel
dem sanften
Frühlingsregen
gleich
deine Lieder
beschenken mich
mit Zärtlichkeit
an dich gebunden
ohne Anfang
das zinnoberrote
Band
der Liebe

21

die Liebe
wurzelt
in der
Geborgenheit
der Erde
in der
Sanftheit
deiner
Stärke
wachse ich
über
meinen Mut
hinaus
dem Wunder
vertrauend

22

deiner Liebe
Sehnsucht
will ich sein
sei du
die Erfüllung
meines Wollens
sei Liebe mir

dein Herz
soll dir
von mir
erzählen
damit
du mich
findest
als Linde
verzaubert
umarmend
zum Menschen
wandelst

es regnet
am Morgen
die letzten
roten Äpfel
fallen vom
ungepflückten
Apfelbaum
in den grünen
Schoss
der Erde
in der
gelben Rose
scheint
die Sonne
dein Herz
wärmt
meines
zwischen
den Tropfen

25

zwischen
den Tropfen
der Klang
deines Liedes
ich folge
deiner Stimme
in die verregnete
Weinblätterlaube
dichtgeflochtene
Zweige
beschützen
die rotglühende
Stille über uns

26

hinter dem
wolkenverhangenen
Himmel
das weisse
Lächeln
der Sonne
einzelne
Tränen
tropfen
in den
Rosenteich
an den
Ästen
des Geliebten
glitzernde
Tropfen
benetzen
meine
Lippen

**mit einem
Lindenzweig
schreibst
du mir**
auf der
regenweichen
Erde
zeichnest
ein Herz
mit Flügeln
ich höre
deinen
wortlosen
Schwur und
umarme dich
schweigend

**im Nebelmeer
tanzt
ein Liebespaar**
unter dem
alten Baum
zwei schwarze
Raben
rascheln
in den
kupfernen
Blättern
der Blutbuche
am frühen
Morgen

mit deinem
Lied
auf den
Lippen
aufgewacht
versiegelt
durch die
unzähligen
Küsse
der Nacht
das stille
Glück

deine
schwesterliche
Zuneigung
lässt mich
atmen
deine brüderliche
Zuwendung
lässt mich
fühlen
deine männliche
Hingabe
lässt mich
lieben
die Sanftheit
deiner Stärke
gibt mir Kraft

diese Liebe
will gelebt
sein
sagtest du
hast du
die Kraft
dazu
fragtest du
willst du den
moosgrünen
Weg
mit mir
gehen
tanzen
mit nackten
Füssen

den Schmerz
des Unerfüllten
hinter mir
gelassen
folge ich
den Spuren
deiner Schritte
bis ich
dich finde
unter der
Linde
auf mich
wartend
seit immer

Albrecht von Johansdorf stammte aus Niederbayern, ver-
mutlich aus der Gegend zwischen Landau und Vilshofen.
In mehreren Urkunden zwischen 1172 und 1209 findet sich
dieser Name, wobei es sich um Vater und Sohn handelt,
die in einem Dienstverhältnis zu den Bischöfen von Bamberg
und Passau standen.

33

mich
in deine
Umarmung
werfen
mit sanfter
Leidenschaft
ohne die Antwort
auf deine Frage
wo warst du
so lange

34

am Morgen
kämmt
die Glücksfee
ihr Zauberhaar
silberne Fäden
schweben
den Weg
entlang
binden
einander
die sich
begegnen
werden

**nebelverhangener
Morgen**
hinter dem
weissen
Schleier dein
unbekümmertes
Gesicht
mit dem
gelben
Schmetterlingsflügel
streichelt
dein Lächeln
meine Lippen

**deine erdige
Zuneigung**
lässt mich
emporwachsen
singende
klingende
Linde
will ich
dir sein
deine Sehnsucht
in mir
verweben

37

an der
Liebe
leben
lernen
durch die
Liebe
zum Du
werden
dich
in mir
finden
mich
in dir

38

für dich
wurde ich
geschaffen
du erwartest
nicht dass
ich dir
folge
weil
du mich
in dir
trägst
im Herzen
verborgen
deine Liebe
für mich

ohne Liebe
wäre alles
ohne Gnade
blätterlose
Bäume
blütenlose
Blumen
erfroren
an der
Kälte des
lieblosen
Herzens
die Liebe
bewahrt
beschützt
behütet
die Liebe
verschenkt
sich in
immerwährender
Gnade

der Gnade
teilhaftig
das gemeinsame
Sein
ich bin
in dir
du in mir
behutsam
die Ewigkeit
die Seligkeit
eins sein
mit dir

41

du bedeutest
mir alles
in jedem
meiner Schritte
deine Spur
in jedem
meiner Worte
dein Fühlen
ich sehe
das Wunder
mit deinem
Herzen
auf immer

42

dem Klang
deiner Stimme
bin ich
gefolgt
nachdem
dein Lied
verklungen
war
mein Sehnen
sang
ich mir
von der
Seele
der Wind
trug
mein Lied
zu dir
und zeigte
dir
den Weg
zu mir

**wer zeigte
deinem
Herzen
den Weg**
damit
du mich
leichtfüssig
findest
am Brunnen
stand ich
und trank
dein Lied
aus der
Quelle
als du kamst
dein Lied
atmet nun
in mir

**du hast
meine Tränen
in Perlen
verwandeln**
auf einen
grünen
Grashalm
gefädelt
mir um
den Hals
gelegt
aus gelben
Blumen
eine Krone
geflochten
meine Lippen
mit deinen
Küssen
rot gefärbt

45

46

nackt
bin ich
der Quelle
des Lebens
entstiegen
habe mich
verborgen
im schützenden
Blattwerk
des Maulbeerbaums
bis du
kamst mit
dem Gewand
der Liebe

ich bin
geborgen
geliebt
gesegnet
gehalten
getragen
in der
Zärtlichkeit
deiner Liebe
erfüllt sich
die Zeit

47

ich selbst
bin es
sprach
die Liebe
in mir
als sie dir
begegnete
kostbar und
kraftvoll
das Wunder
in uns

48

die Spuren
deiner
Sehnsucht
trage ich
an mir
den Klang
deiner
Worte
und Lieder
in mir
deine Liebe

Der Stammsitz des schweizerischen Grafengeschlechts von Neuenburg ist die Burg Fenis, zwischen Neuenburg und dem Bieler See. Unklar ist, ob es sich bei dem hier dargestellten um den Minnesänger Rudolf II. von Neuenburg (1158–1192) handelt oder um seinen Neffen Rudolf I. (1201–1258).

49

die Zeichen
der Zeit
verstehen
staunen
über die
Fülle
des Lebens
geborgen
in der
Gewissheit
des Kommenden
bis sich
die Liebe
findet

50

am Flügelschlag
der Nachtigall
bin ich
erwacht
in deinen
Armen
beginnt
der Morgen
auf Rosen
gebettet

51

du gehst
mit mir
alle Wege
mir nach
den Spuren
meiner Tränen
verwandelst
mein Leid
bis ich
weine
vor Glück

52

in den
Schoss
des Gartens
trägst du
mich
auf deinen
Falkenflügeln
die Liebe
fragte nicht
sagte nichts
lies
das Wunder
geschehen

53

die Liebe
wollte nicht
einsam
bleiben
streute
Erbsen
auf den Weg
damit sich
zwei Tauben
finden
in der
Einsamkeit
des Waldes

54

aus dem
Zweig
der Linde
wuchs
der Baum
der Liebe
das Wissen
um die
Liebe
heilte mich
mit meinen
Tränen
getauftes
Glück
hielt ich dir
entgegen

deine
Liebe
zog mir
den Stachel
des Schmerzes
aus meinem
Herzen
die Wurzeln
deiner Liebe
nährten
meine
Wurzeln
damit ich
den Mut
finde
wieder
zu lieben

gemeinsamen
Schrittes
dankbar
für alle
Tage die
unserer
Liebe
geschenkt
sind
die Liebe
leuchtet uns
auf dem
Weg
schenkt
Fülle und
Leben

57

haben
wir uns
herbeigesehnt
herbeigeträumt
herbeigewünscht
unverhofft
gefunden
begegnet
im Tanz
des Lebens
dein Lied
meiner
Sehnsucht
Stimme
deine Augen
meiner Liebe
Spiegel

58

im silbernen
Licht
des Mondes
betrachte
ich dein
träumendes
Gesicht
in der Stille
der Nacht
das stumme
Liebeslied
auf deinen
Lippen

eine rote
Rose
wächst
aus deinem
Lied
in meinem
Herzen
mir der
bedächtig
Betrachtenden
behutsam
Beschenkten
in deiner
Stimme
Geborgenen

in deiner
Umarmung
versunken
in der
grünen
Sanftheit
deiner
Zuversicht
in der
erdigen
Wärme
deiner
Stimme
beginnt
der Tag
zu blühen

61

zu Worten
gesetzte
Klänge
schenkst
du mir
du bist
in dem
was unserer
Liebe ist
der Suchenden
Sehnen
das Leidvolle
hast du
getröstet

62

mein Geliebter
mein Verlangen
in allem
Geschehen
suchte
ich dich
in der
Zärtlichkeit
deines Liedes
fand
ich dich
der goldene
Hirsch
führte mich
zum alten
Gewölbe

dein Blick
auf meinem
Nacken
an deiner
Schulter
mein Gesicht
der Atem
in die
Stille
verwoben
zwei Körper
zu einem
vereint

die Liebe
das Lebendige
Heilige
Vollkommene
in uns
das Gelöbnis
bleiben
in dem
was der
Liebe ist
das Lied
das einst
erklungen
die wundersame
Melodie
in der
Liebe
bleiben

Der urkundlich 1257 bezeugte Rudolf von Rotenburg gehörte
einem nördlich von Luzern ansässigen Ministerialen-
geschlecht an, das in den Diensten der Vögte von Rotenburg
stand. Auf der Miniatur empfängt er aus den Händen seiner
Dame einen Kranz.

65

mein Herz
mit deinem
verbunden
mein Verlangen
gestillt
meine Sehnsucht
zur Gewissheit
gewandelt
mein Herz
längst
bei dir

66

in deinen
Augen
die Sanftheit
der Linde
in deinen
Armen
die Stärke
der Eiche
der Klang
des Ahorns
in deiner
Stimme
der Gesang
der Arven
in deinem
Lied

ich bin
ein Baum
ohne Wurzeln
meine Heimat
in dem was
ich liebe
Geliebter
Mann
Baum
Gefährte

an den
Grashalmen
glitzert
der getaute
Reif
zwei Tauben
schnäbeln
am Ast
der schwarzen
Föhre
in unserer
Umarmung
versteckt
sind wir
Verbündete

die letzte	**längst**
frostgeküsste	**sind wir**
Rose	**zu Einem**
schenkst	**geworden**
du mir	die Liebe
ohne	ist über uns
zu brechen	gekommen
die reifgeschmückte	wurde
Schönheit	das Mass
staunend	der Sinn
stehen wir	das Sehnen
am verwunschenen	unseres
Tor	Lebens
des winterlichen	
Gartens	
in die Erinnerung	
versunken	

aus
deiner
Liebe
schöpfe ich
mein Leben
gib
der Liebe
was
der Liebe
ist
gib
dich mir
sagtest du
zu Beginn
der Zeit

der Krug
für deine
Tränen
das Lied
für deine
Sehnsucht
will ich
dir sein
deiner
Liebe
Glut
sagtest du
als wir
den Baum
umarmten

73

die Blätter
rascheln
leise
in der
Krone
der alten
Linde
dein Lied
leicht
schwebt
der Klang
herab
und küsst
meine
regennassen
Wangen

74

am Grab aus
Rosenblättern
sind
wir uns
begegnet
dort wo
mein Schmerz
begraben war
begann
das Leben
wieder
zu blühen
die Rose
breitete
ihre Arme
aus

der zahme
Falke
sitzt
im hohen
Gewölbe
fünf
Mönche
singen
dem blinden
König
aus Stein
das Lied des
Nichtvergessens
unsere
Umarmung
schwebt
im Raum

der verliebte
Raabe im
blauschimmernden
Federkleid
hält Ausschau
nach seiner
Braut
im Wipfel
des alten
Holunderbaumes
flicht er
das Band
seiner Sehnsucht
in die Zweige

77

dein Lied
will mich
umarmen
ich stehe
still
von der
Schönheit
gefangen

78

nicht sprechen
das Wunder
in mir
ruhen
lassen
staunen
Zeit finden
es zu
ertragen
das unverhoffte
Glück
der blinde
König
aus Stein
lächelt
still

einen
süssen
Tropfen
getauten
Frühlingsschnees
getrunken
von deinen
Lippen
die zarten
Astspitzen
des Ahornbaums
geküsst

deine Liebe
ist mir
zugefallen
das goldene
Schwert
des blinden
Königs
aus Stein
erhellte
das Gewölbe
damit
ich dich
sah
auf mich
wartend

Der Minnesänger auf dieser Miniatur ist vermutlich Ulrich von Singenberg, der zwischen 1209 und 1228 nachweisbar ist. Er gehörte einem im Schweizer Thurgau beheimateten Ministerialengeschlecht an, dessen Stammburg am Ufer der Sitter nordwestlich von St. Gallen lag.

auf das
goldene
Schwert
des blinden
Königs
aus Stein
der Liebe
die Treue
schwören
meisseln
in die
Ewigkeit
die unsagbaren
Worte
omnia
vincit
amor

dein Lied
duftet
nach Rosen
drei Tränen
suchen
ihren Weg
den Stiel
entlang
im Regen
weint
die Schöne
verborgene
Glückstränen

mich hingeben
deinem Lied
das Bekenntnis
auf deinen
Lippen
den Schwur
versinken
lassen
in mein
Herz
zur Gewissheit
wandeln

den Spuren
meiner
Sehnsucht
bist du
nachgegangen
gelbe
Hirsekörner
streute
ich dir auf
den Weg
dein zahmer
Falke
folgte
meinen
Schritten

ich habe
dich geträumt
dein Bildnis
in mir
dein Lied
surge
amica mea
speciosa mea
et veni
columba mea
hast du mir
gesungen
unseren Atem
ineinander
geflochten
Zartheit
in Verwurzelung

die Nacht
mit dir
durchtanzen
nicht ahnen
vom Beginn
der Liebe
leicht
schwebend
die ersten
Schritte
auf den
Lippen
der Morgenröte
das taubenblaue
Lächeln
des Mondes

das Nichtwissen
hat auch
seine Schönheit
sagtest du
die Liebe
findet
ihre Schritte
ihren Mut
in der Weite

die Zärtlichkeit
deiner
Zuneigung
zieht mich
in deinen
Bann
du lässt
deine Laute
für mich
singen
das Lied
der Minne
auf deinen
Lippen
lässt mich
wissen

89

im grünen
Duft
des Waldes
hinter dem
grünen
Schleier
der Erinnerung
singt
die Nachtigall
ihr grünes
Lied
den Liebenden

90

dein
stummes
Sehnen
hast du
in dein
Tuch
gewoben
vierblättrigen
Klee
in den
Saum
verborgen
darin
deine Liebe
geborgen
als Gabe
für mich

91

der staunende
schwarze
Glücksvogel
beäugt
die zaghaften
Schritte
der Liebenden
in die Gewissheit
des Kommenden

92

die Liebe
für sich
selbst
sprechen
lassen
schweigen
in der
Umarmung
der Ewigkeit
im
dichtgewobenen
Wald aus Birken

die Liebe
schöpft
Atem
am Duft
der Nacht
das stumme
Lied
auf deinen
Lippen
goldener
Lindenblütenstaub
unter unseren
Schritten

tröste mich
mit Sanftheit
und Stärke
trage zur
Ruhe
damit ich
wieder in
der Fügung
bin und mich
erinnere
dass alles
dort ist
wo es
sein soll
und geschieht
wenn es
sein soll
zur seiner
Zeit ohne
Hindernisse
wer wollte
das Schicksal
verhindern

95

nur
die Liebe
kann es
tragen
den geliebten
Menschen
zu verlieren
nur noch
in sich
spüren
nicht mehr
neben sich
aus Erinnerung
sein Lachen
hören
nicht mehr
im Raum
verklingen
das Lächeln
mit Augen
streicheln
sein Gesicht
die letzte
Umarmung
für die
Ewigkeit
die Spuren
der Liebe

96

die Säulen
der Liebe
können nicht
zerbrechen
die Tempel
der Liebe
zur Ruine
werden
die Spuren
der Liebe
im Wind
verwehen
Liebe will
bleiben
dem Tod
nicht weichen
an deiner
Seite
in dir leben
damit
du lebst
und nicht
lebendig
tot bist

Das schwäbische Geschlecht der Grafen von Kirchberg war in der Nähe von Ulm beheimatet. Der hier ritterlich zu Pferd dargestellte Minnesänger ist entweder Konrad II. (1275–1326 bezeugt) oder sein Vetter Konrad III. (1281–1315).

aus Liebe
sprechen
handeln
sie nie
verlassen
aus den
Augen
lassen
das Leid
des Anderen
sehen
hören
zuhören
auch ein
einziges
Wort
kann
Erlösung
bringen
nur
nicht Schweigen
den Anderen
zum Leid
verdammen
sprich
verlasse Liebe
nicht

Liebe singt
schreit
nicht
bleibt am
Leben
auch wenn
der Weg
zu Ende
gegangen ist
lässt
Trauer zu
Dankbarkeit
spüren
für das
gelebte Glück
die Erinnerung
an die
hohe Zeit
ist hell und
ohne Schmerz
nicht gleich
später werden
die Wunden
heilen

an der
Schwelle
von Kind
zu Frau
in hoher
Sprache
Gedichte
über Liebe
geschrieben
ahnend
nicht
wissend
wie Liebe ist
bis sich Liebe
selbst erklärte
erfahren
es gibt
ein Königreich
ausserhalb
meiner Flügel
Schmetterling
verliere dich
an die Weite
finde Liebe
Süsse
ohne Bitterkeit
erfülle Liebe

das mir
bestimmte
Lied
soll mir
gleichen
damit
ich mich
in den
Klängen
wiederfinde
als singende
Linde
und sprechende
Taube
ein kostbares
Band
der Verbundenheit
um den Hals
gewunden
will ich
mein Lied
bei mir tragen

Schattenspiel
an der Mauer
zwei Knaben
kämpfen
mit hölzernen
Schwertern
um die Gunst
der kleinen
Dame
zu Männern
gewachsen
wiederholen sie
das gleiche Spiel
Liebe wird
nicht durch
Kampf
gewonnen
sie kann nicht
nehmen
nur
bekommen
das Leid
trägt
die Antwort
in sich
späte Einsicht

Liebe will
nicht verzehren
nur nähren
sich verschenken
und bleiben
in der
Umarmung
Erfüllung
ihres Seins
den Schleier
aus Schmerz
zur Seite
geschoben
sieht zu
mit klarem
Blick
weist
den Weg
den Mut
sie zu leben

103

in die Kathedrale
aus alten Klängen
webst du
deine Klänge
verwandelst
sie in
dein Schloss
hinter
Rosen
Blätter
Dornen
vor der
Verwünschung
versteckt
unbekümmert
Dornröschen
und
Dornröserich
erwachen
am Glück
des Morgens

104

mit und ohne
Erklärung
will Liebe
am Leben
bleiben
alles verschenken
nichts behalten
nur ihr Geheimnis

105

Liebe
erklärt sich
an dir
selbst
mit Bedacht
in dir
getragen
verlässt sie
das vertraute
Sein
der Einsamkeit
entsagend
des Lebens
geheimnisvoller
Tanz
beginnt
im stillen
Werden

106

auf der Suche
nach Antwort
Leben
ohne Liebe
begegnet
Liebe
ohne Leben
erklär mir
Nichtliebe
Liebe
gefragt
erschrocken
leise

107

immer
Liebe
in dir
und
du
in der
Liebe
die Grausamkeit
in deiner Glut
verbrannt
in der Asche
Erbarmen
für das
versteinerte
Herz

108

der Mond
küsst
den stummen
Mund
der Nacht
schwört
der Schönen
Sterngeschmückten
für die Dauer
der Zweisamkeit
die Treue
nur von der
Morgenröte
bis zur
Abenddämmerung
entzweit

Liebe
überall
finden
nicht
Alleinsein
mit der
Windsbraut
tanzen
im roten
Kleid
während
grüne
Schilfsänger
das Lied der
Wasserklänge
singen

Linden
atmen
Leben
die Liebe
füllt
die Leere
erfüllt
das Selbst
zum
Verschenken
verwandelt
den Schmerz
schenkt
Trost
Stärke
Ertragen

das weisse
Einhorn
mit klugen
braunen
Augen
und sorgfältig
gekämmter
heller
Mähne
ahnt mehr
als ich weiss
und
weiss mehr
als ich ahne
mit filigranem
Ornament
aus Klängen
an mich
gebunden
bleibt
an meiner
Seite

wie klingt
der sternenbesäte
Himmel
in der Stille
der Nacht
in der Fülle
aus leisen
Klängen
das Werden
beginnt
und Welten
gehen auf
hat mein Lied
den Weg
zu dir
gefunden
aus der
Unendlichkeit
in deine
Umarmung

Werner von Teufen entstammte einem freiherrlichen Schweizer Geschlecht, das sich nach seiner zu Teufen am Irchel im Kanton Zürich gelegenen Stammburg Alt-Teufen nannte. Werner ist 1219 und 1223 urkundlich erwähnt.

113

es ist so schön
dich dort
zu finden
wo ich
dich suche
und zu wissen
wo ich dich
vermute
damit meine
Worte immer
Zuflucht finden
und nie
verlassen sind

114

in der
Umarmung
versinken
altes Leben
fühlen
sich nicht
erinnern
können
nur
ahnen
vergangene
Bilder
sanfte Glut
im Herzen

115

goldene
Wellennetze
von der
Abendsonne
geknüpft
der einsame
Schwan
in der Stille
des Wassers
gefangen
folgt
der weissen
Feder
der Geliebten
auf dem Weg
zur Erfüllung

116

die Liebe
nähren
nicht
verlieren
im Leben
finden
in der
Dunkelheit
mütterliche
Güte
in sich
tragen
Wärme
und
Licht

117

der Zaunkönig
schreibt
Liebesgedichte
an die
ferne Geliebte
im dunklen
Glühen
der Zinnien
alte Farben
das grüngelbe
Birkenblatt
kündigt
die Vergänglichkeit
des Sommers
an

118

in sich
versunkene
Zärtlichkeit
der Umarmung
ineinander
geflochtenes
Sein
Liebe
findet
einander

119

noch
staunen
nicht
berühren
das Wunder
ruhen
lassen
vertrauen
in die Liebe

120

der
Barmherzigkeit
der Liebe
vertrauen
zu wenig
Liebe
in dir
tragen
die einzige
Sünde

121

die Liebe
erfüllen
des Wunders
würdig
geworden

122

Alles
und
Nichts
in der Hand
haben
demütig
und
nackt
steigt
die Liebe
in den
Teich aus
ungeweinten
Tränen
das Wunder
bleibt ihr
Geheimnis

123

im
Kerzenschein
hält
die Liebe
die goldene
Schale
des Lebens
das Licht
im Gesicht
der Güte

124

im Schoss
der männlichen
Weichheit
sucht
die Sehnsucht
den Weg
Sanftheit
von
Stärke
getragen
das geschenkte
Leben
in der
Geborgenheit

125

aus vierzig
Fäden
gewobenes
Tuch
farbenreiche
Fülle
der Durst
gestillt
getröstet
das Geheimnis
an gutem Ort
die Liebe
betet
in dir

126

auch
Liebe
braucht
Trost
Ruhe
Dauer
einen Ort
wortlose
Vergebung
Tränen der
Erleichterung
in der Stille

Werden
Sein
Geben
in der
Hingabe
geborgen
die schenkende
Hand
über dir
bekommen
behalten
für immer
die Liebe
in dir

das Neue
entstehen
lassen
ohne
das Alte
zu verletzen
geschehen
lassen
staunen
in der
Gewissheit
Liebe
bleibt

Bei dem Dargestellten handelt es sich vermutlich um Graf
Kraft III. von Toggenburg, einen Angehörigen einer
der ältesten und mächtigsten Dynastengeschlechter in der
Ostschweiz. Er war seit 1286 Chorherr im Zürcher Stift
und – als Propst des Zürcher Großmünsters – einer der
einflußreichsten Männer seiner Zeit. Er verstarb im Jahr 1339.

129

dich finden
an deinem
Ort
ohne suchen
zu müssen
wissen
wo du bist
immer dort

130

in der Tiefe
der Erinnerung
der vergessene
Schmerz
sucht
Heilung
Liebe
will
alles
verzeihen
auch
Lüge

an der
starken
Schulter
der Dauer
lehnt
die alte
Liebe
Lachen
und
Zärtlichkeit
in der
Umarmung
der Zeit

nackt
bekleidet
vor der
Schöpfung
stehen
sich preisgeben
ohne den
Anfang
beginnt die
bedingungslose
Liebe im
allumfassenden
Sein

133   **134**

ohne
den Atem
der Schöpfung
kein Werden
manchmal
nimmt
Liebe
Nebenwege
weicht
der Grausamkeit
aus

mit dem
Geliebten
den Sommer
pflücken
reife Früchte
aus schenkenden
Ästen
fallen
in den Schoss
als Gaben

in deiner
Umarmung
die Abendröte
betrachten
zwei alte Vögel
nach gelebtem
Sommer
wie viel Zeit
bleibt
ein weisser
Wolkenturm
mit offener
Tür
am Himmel

deiner
Liebe
sicher
verbunden
bleiben
leisen
Schrittes
den Weg
gemeinsam
gehen
die Stille
bewahren
der Gewissheit
willen

137

an der
Liebe
wachsen
mit dir
verwachsen
zum Zweibaum
werden
damit
der eine
im anderen
lebt

138

die Weichheit
deiner Hände
an mir
tragen
aus der
Umarmung
gewobenes
Kleid
kostbares
Gewand
der Liebe
vertrauen
auf immer
dein

Liebe
findet
einander
will
nicht schwören
nur bleiben
heilen
die Wunden
ohne Narben
glauben
wer
geliebt hat
wird
wieder lieben
Gewissheit
finden

dich in mir
tragen
bis
das innere
Bild
dem äusseren
begegnet
gestillter
Durst
die Sehnsucht
zur Gewissheit
geworden
ohne Schwur
dich an mir
tragen

141

aus Liebe
bleiben
aus Liebe
gehen
das Leben
scheidet
nicht
der Tod
Liebe
will
vertrauen
atmen
einander
heilen

142

mich
an dir
wärmen
deine Güte
berühren
deine Stärke
spüren
von deiner
Ruhe
wegtragen
lassen
von der
Grausamkeit
der leeren
Blicke

143

nach innen
gekehrter
Blick
der Hingabe
das Lied
singt
schreit nicht
gezügelte
Leidenschaft
trägt
die Klänge
im Raum
verbunden
mit dem
Sein
das verblasste
geliebte
Gesicht
die Erinnerung
taucht
aus der
Tiefe
auf

144

die kraftvolle
Ruhe der
Leidenschaft
Erdgöttin
im roten Kleid
beschwört
schweigend
den Tod
fordert
Schonung
für die Liebe
das kostbare
Geschenk
des Lebens
für die
gegebene Zeit

Bis heute ist keine Familie nachgewiesen, die zu Walthers
Zeiten seinen Namen trug. «Vogelweide» ist ein nicht sel-
tener Flurname, der den Nist- oder Rastplatz von Zug- und
Wandervögeln bezeichnet. Nach seinen eigenen Worten
«ze Osterriche lernt ich singen unde sagen» stammte er
vielleicht aus Österreich. Es wird vermutet, daß er um 1170
geboren wurde und um 1230 starb. Einer Nachricht aus dem
14. Jahrhundert nach wurde er im Kreuzgang des Neu-
münsters in Würzburg beigesetzt.

145

meine Hand
in deine
falten
die Weichheit
berühren
die Hingabe
alte Liebe
im roten
Kleid
ohne
Klagelieder

146

im schlichten
Gewand
des Alltags
vor dir
stehen
verstummt
vor der
Klarheit
und
Stille
die heilende
Gewissheit
der Liebe
in mir
tragen
das Leben
auf den Altar
legen
Mensch sein

in deiner Huld
bleiben
mit gestillter
Sehnsucht
in der Weite
deiner
Umarmung
die alte Liebe
trägt
ein schlichtes
Kleid
vertraut
staunend
begnadet

die alten
Klänge
tragen
in die
Vergangenheit
die Erinnerungen
lassen
tanzen
träumen
trauern
an deinem
Grab
Trost
finden
an der
Liebe

149

auf das Buch
der Liebe
schwören
für die Zeit
des Seins
dich schauen
dir zuhören
jeder Schritt
ist ein Weg
dich behutsam
begleiten
den müden
Wanderer
beten
um Gnade
goldene
blaue
erfüllte
Träume

150

mich
an dich
lehnen
in stiller
Zuversicht
des Bleibenden
der Gewissheit
des Kommenden
Wunder
geschehen
lassen

151

das goldene
Licht
an deinem
Gesicht
während du
den Himmel
betrachtest
den Schmerz
befrieden
nicht brechen
der Regenbogen
bringt
Zuversicht
in der
Weichheit
geborgen

152

die Liebe
fragte
willst du
mit mir
gehen
wählte den
kupfernen
Weg
wollte
verweilen
bleiben
unverletzt

153

dir begegnet
auf dem
Weg
zu mir
das innere
Bild
berührte
das äussere
die Sehnsucht
umarmte
den Baum
die Liebe
nahm sich
das Recht
am Leben

154

behutsam
in den
Händen
halten
berühren
der Liebe
helle
und
dunkle
Lieder
singen
schwören
auf das
Buch
mit sieben
Siegeln

155

wie
soll ich
der Liebe
singen
mich
ergreifen
lassen
im Herzen
bewegen
tragen
die Tiefe
begreifen

156

auf den
Schicksalswegen
der Erde
der Liebe
begegnen
den Sinn
begreifen
die Schwere
tragen
bis sie
zur Leichtigkeit
wird
in der Ruhe
des Herzens

157

dein Schweigen
mit Worten
nicht verletzen
warten
dem Klang
der Sterne
zuhören
schweigen
bis du
sprichst

158

von der
schweren Hand
des Steinmetzes
mit zierlicher
Schrift
gemeisselt
in Stein
über Jahrhunderte
getragen
geglaubt
omnia vincit amor

deinem
behutsamen
Blick
nicht
ausweichen
bleiben
sich streicheln
lassen
standhalten
der Zärtlichkeit
des Augenblicks

mit
verbundenen
Augen
sucht
die Leidenschaft
den Weg
aus dem
Labyrinth
blind
bis sie
der Liebe
begegnet

Die Stammburg Graf Gottfrieds (1234–1279) von Neifen oder Neuffen lag im Schwäbischen zwischen Nürtingen und Reutlingen. Die Grafen dieses mächtigen Geschlechts waren treue Parteigänger der benachbarten Staufer.

161

die Liebe
an einen
guten Ort
bringen
das Lied zur
wunscherfüllenden
Linde
tragen
klingender
singender
Baum
behütet
das Geheimnis

162

die Unschuld
der Schönheit
die nichts
von sich
weiss
flieht
vor dem
klaren Blick
der Erkenntnis
in die Umarmung
des Wiedergefundenen
ein Lied
ohne Worte
der Beginn
der Liebe

war es
frühlings
als
wir uns
wiederfanden
war es
herbste
im Inneren
verborgen
getragen
bis
wir uns
begegneten
aus Erinnerungen
werden
Träume
Andacht
faltet
Hände
zum Gebet

ich sehe
dich
an meinem
Bette
wachen
mich umarmen
beschwören
nicht
zu sterben
wie damals
im Traum
Liebe
hält uns
zusammen

165

ohne Worte
neben dir
schweigen
die Lieder
verklingen
lassen
sich
verschwenden
verschenken
an dich

166

ohne
den Mantel
der Selbstliebe
schreiben
als du
nicht als ich
in meinem
Gedicht
dich finden
nicht mich
ich singe
dir
Lieder
schweigend

167

die Weichheit
deines Blickes
an mir
tragen
die ruhende
Güte
deiner
Augen

168

dich
in deiner
Weichheit
finden
nicht
suchen
müssen
zerbrechen
an der Härte
der Ungewissheit

169

von
deiner
Liebe
getragen
meine
unbeschwerten
Schritte
ohne
die Last
des Gelittenen
das Vertrauen
in das Leben
wächst

170

in der
Dunkelheit
deinen Atem
bewachen
deine
müden Hände
streicheln
mit dankbarem
Blick
während
du schläfst

die Endlichkeit
vor Augen
dankbar
für dein
Leben
gemeinsam
den Weg
gehen
solange
sich
die Hände
berühren

der Himmel
über uns
sternenbesät
wolkenverhangen
dein Leben
in gütigen
Händen
Zeit
solange es
Berührung
gibt

173

dich
in der
Nacht
atmen
hören
die stillen
Gedanken
von deiner
Stirn
lesen
gemeinsam
mit dem
Mond
dankbar
für dein
Leben
solange
sich
die Hände
halten
können

174

das sanfte
Gesicht
der Liebe
aus Zärtlichkeit
geflochtenes
Nest
flüchtige
Berührung
der Flügelspitzen
die Quelle
findet
ihren Lauf
das erfüllte
Versprechen
auf den Lippen

der Liebe
die Kindheit
lassen
im Garten
aus gelbem
Blütenstaub
hütet
das Glück
das Geheimnis
der Ewigkeit

meine
Erschöpfung
in deine
Weichheit
legen
in den
Mantel
deiner
Umarmung
gehüllt
Geborgenheit
finden

Das Geschlecht derer von Altstetten ist seit 1166 bezeugt und hatte seinen Sitz im Oberrheintal. Es stand in den Diensten des Abtes von St. Gallen. Vermutlich handelt es sich bei dem Minnesänger um den 1320 bis 1327 urkundenden Konrad von Altstetten, der das Meieramt innehatte.

die mädchenhafte
Hand
der alten
Liebe
winkt
hinter dem
dunklen
Fenster
dem Abschied
des Geliebten
dem weichen
Lächeln
der Milde

mein
du
ist
ein wir
nahbar
vertraut
der Tanz
lässt
der Hingabe
Raum
die Freude
füllt
den Tag

die tanzende
Gestalt
das Gesicht
des Geliebten
immer
in dir
getragen
von der
Sehnsucht
der Himmel
hört
dein
Schweigen

der Weite
deiner
Flügel
vertrauen
dem sanften
Falkenblick
Liebe
heilt
verwandelt
ohne
sprechen
zu müssen
schweigen
dich
im Herzen
halten

181

wie viele
Blumen
hast du
geküsst
anstatt
mich
ich
Bäume
gestreichelt
anstatt
dich
die Sehnsucht
verbindet

182

zum Tanz
aufspielen
das Fest
beginnen
die Liebe
zählt
die Jahre in
Eichenringen
aus zwei
Stämmen
gewachsener
Baum
umarmt
die Zeiten

der Liebe
willen
den zerrissenen
Faden
zusammenknüpfen
wieder lieben
sich lieben
lassen
das Geheimnis
ohne den
schwarzen Dorn
der Trauer
erhörtes
Gebet

über
die Schwelle
der Ungewissheit
getreten
trägt
Liebe
ihr rotes Kleid
im regengelben
Licht
des Abends
klingt
der Tag
in der Stille
der Pracht
nach

185

der Hand
der Trauer
entrissen
findet
Liebe
Mut
zu leben
traut sich
sein
was sie
war
unverletzt
betritt
das grüne
Efeuhaus
mit geheilter
Wunde

186

das grüne
Efeuhaus
mit Fenstern aus
Vogelgesängen
die Liebe
singt
das alte Lied
beschwört
den Mut
sich zu sein
sie zu leben
ubi caritas
et amor
gemeisselt
in Stein

wie will
trösten
wer nicht
gelitten
Sehnsucht
begreifen
wer nicht
geliebt
den Liedern
folgen
dem Flügelschlag
der Nachtigall
mit dir
neben mir
kann Liebe
alles

an dir
erwächst
mir
Liebe
sei mir
Baum
meiner
Sehnsucht
Brunnen
meiner Nacht
Geborgenheit

189

das Lachen
der Muschelfrau
im Klang
der Wellen
der See
hält dir
den Spiegel
entgegen
aus dem
Wasser
steigt
die Sehnsucht
im dursichtigen
Kleid

190

hinter
dem Schleier
der Erinnerung
auf dich
warten
bis dich
die Vorsehung
in mein
Leben
gehen lässt
in der
Gewissheit
deine leisen
Schritte
hören

191

aus knospenden
Ästen
weben
alte Buchen
der Sehnsucht
den Hochzeitsschleier

192

die Liebe
wächst
am Kleinen
ohne Worte
verspricht
nichts
greift nicht
nach der
Ewigkeit
hält
berührt
die Sterne
im Moos

Der hier im Tanz mit seiner Dame dargestellte Sänger ist
entweder Heinrich II. von Stretlingen (1249-1263 oder
1271 bezeugt) oder sein Sohn Heinrich III. (1258-1294). Die
Stammburg ihres Geschlechts lag am Westende des
Thuner Sees im Kanton Bern.

193

das Lied
meiner Nacht
dein Atem
das Lächeln
auf deinem
Gesicht
der Liebe
nichts
zu viel
du sprichst
im Traum
umarmst
mich

194

die Erinnerungen
zurückblättern
ohne dass
die Tränen
auf die Seiten
tropfen
der Schmerz
brauchte
die Zeit
zum verheilen
die Sehnsucht
zum weben

dem Nachhall
in den
Bäumen
folgen
deiner
Stimme
in den
Erzählungen
des Windes
den Liedern
die Liebe
wird
immer
singen

dem Zeitmass
des Herzens
folgen
den Spuren
der Vorahnung
die Liebe
fragt nicht
nach der
blauen Rose
als Bedingung

197

einen Mantel
aus Klängen
um deine
Schultern
legen
Lieder
und
Tänze
in dein
Herz
leichtfüssige
Erinnerungen

198

die Erinnerung
träumt
deine Umarmung
im Herz
aus Gras

199

in der
Sternenhelle
meiner Sehnsucht
das traumentrückte
Lächeln
auf deinem
Gesicht
dein schlafender
Körper
in der
Hingabe
an das
Lied
der Nacht

200

der Wind
flicht
Blüten
in das Haar
der Geliebten
auf dem Weg
zum Geliebten

201

das Wunder
geschieht
ohne Wollen
die Liebe
an einen
guten Ort
tragen
dem Werden
die Stille
lassen
ohne Worte
vertrauen

202

die mütterliche
Güte
deiner
Männlichkeit
erdige Sprache
der Geborgenheit
die Frucht
schenkt
Samen
besiegelt
das Werden

ich
habe
dich
gefunden
mit ganzem
Herzen
ohne
zu suchen
sei mir
Bruder
Schwester
Mutter
erfüllte
Sehnsucht

am Taufstein
der Liebe
die Treue
schwören
das Glück
legt
die Hand
auf deine
Schulter
während
du sprichst

205

der Traum
trägt
dich
in die
Umarmung
des Geliebten
auf den
weichen
Flügeln
der Sehnsucht
nur wünschen
nicht wollen

206

sich verirren
in deinem
sanften Blick
der Sehnsucht
folgen
im Labyrinth
der Gefühle
an der Liebe
gedeihen
einer Blume
gleich

die Liebe	**sprich nicht**
suchte nicht	schweigend
fand dich	hört
im samtigen	die Liebe
Blick	dir zu
deiner klugen	deinen
Augen	stummen
das Wiedererkennen	Worten
das Gefreute	deine
das Gelittene	nichtgeweinten
einander	Tränen
halten	in der Schale
an der Liebe	aus meinen
zum Zweibaum	Händen das
wachsen	Unausgesprochene

Der hier zu Pferde dargestellte Minnesänger ist der aus der
Steiermark stammende Leuthold von Saven (nicht von Seven);
er war in Safen, dem heutigen Safenau, nordöstlich von Graz
beheimatet. Er begleitete vermutlich Herzog Leopold VI.
von Österreich im Jahr 1218 auf seinem Zug nach Ägypten.

209

du bist
der Mond
an meinem
Sternenhimmel
sanft
still
schweigend
befriedet
das Traumgesicht
meiner Sehnsucht
dir zugewandt

210

meine Liebe
in deiner
gebettet
meine
Umarmung
in deiner
versunken
meine
Berührung
in deiner
geborgen
meine
Hand
in deiner
verborgen
meine
Sehnsucht
in deiner
erfüllt

211

die Liebe
fragt
nach
deinen
Tränen
nicht nach
deiner
Reue
unter dem
Fels
aus Salz
das Gelittene
heilt
ohne Worte

212

dein
weites
vertrauendes
Herz
lässt mich
hineinwachsen
den Gleichklang
hören
in der
Weichheit
deiner Stimme
Geborgenheit
finden
bedingungslos
lieben
was ist

213

dein Lächeln
wird mir
bleiben
im süssen
Gesang
der Nachtigallen
deine Sehnsucht
dein Lied
im Flüstern
der Bäume
deine Sprache
schimmernde
Perlen
auf dem
gelben
Birkenblatt
deine Tränen

214

deine
nicht geweinten
Tränen
will ich
weinen
für dich
damit
dein Schmerz
in Scherben
liegt
du nicht
zerbrichst
an deiner
Trauer
in der
Erinnerung
Erlösung
findest

dich
berühren
spüren
im Rauschen
der Wellen
deinen Atem
im starken
Stamm
des Baumes
deine Kraft
der Tod
hat sich
das Seine
genommen
das Meine
hat er mir
gelassen
dich in mir

dein Schweigen
ist auch
mein Schmerz
der Tod
hatte
keine Wahl
als er dir
die Geliebte
nahm
eine rote
Wasserrose
im Winterteich
der Liebe
ist Tod
geschehen
hinter
der Trauer
das Wunder
des Lebens

217

aus Liebe
leben
in lichten
und schweren
Zeiten das
Hochzeitsgewand
anbehalten
Freude
und Fülle
in dir
tragen
ein liebendes
Herz
mit weichem
Blick

218

die Milde
und Glut
der Liebe
erfahren
der Sehnsucht
ausgesöhntes
Sehnen
der Liebe
geben
was ihr
gehört
in der
Hingabe
an das
Leben

219

dich
nicht
mehr
leiden
fühlen
geborgen
wissen
in der
Unsterblichkeit
die Liebe
hatte
ihre Zeit
lind
sanft
wie ein
Baum
stark
unvergänglich
wird überdauern
den Tod
der Gnade
war

220

die Liebe
bleibt mir
der Tod
hat sie
nicht genommen
nur dich
den Lächelnden
sich
nicht Wehrenden
Traumversunkenen
still Schweigenden
trägt er
auf seinen
Armen

221

willst du
im Traum
zu mir
kommen
auf einem
Regenbogen
sprechen
lachen
als ob es
Tag wäre
aus Erinnerungen
werden Sterne

222

Sterne
erhellen
den Himmel
der Mond
streichelt
mit sanftem
Blick
das erschöpfte
Gesicht
der Sehnsucht
zwischen
Erlösung
und Trauer
wächst
Zuversicht

223

deine Erlösung
ist auch
meine Erlösung
der Schmerz
hat mir
das Herz
zerrissen
dich leiden
zu wissen
wir bleiben
das gemeinsame
Atmen
Fühlen
über den Tod
hinaus

224

in mir
stirbst
du nicht
bleibst
der starke
Baum
der du
warst
und bist
verwurzelt
in mir

Die Stammburg der Ritter von Augheim lag südlich von
Müllheim im Breisgau; sie waren Dienstmannen der
Markgrafen von Hachberg. Der dargestellte Minnesänger ist
vermutlich der von 1263-1296 urkundlich belegte Brunwart
von Augheim.

225

dich
nicht fragen
können
was war
und
nicht ist
keine Antwort
finden
auf nicht
gestellte
Fragen
die Ungewissheit
in Gewissheit
verwandeln
der Liebe
wegen

226

mit goldenem
Spinnrad
Fäden
spinnen
die mich
und dich
verbinden
mit goldener
Haspel
das Garn
winden
im goldenen
Kelch
den Ring
finden

227

dich
an einen
anderen
Ort
tragen
begraben
damit
die Erinnerungen
nicht unter
Tränen
sind
die Liebe
in Schutz
bringen

228

du
hast mir
Liebe
in das Herz
gelegt
aus Mondlicht
ein Kleid
gewoben
aus Mondschein
einen Schleier
der Liebe
das erste Lied
geschrieben
zu Beginn
der Nacht

229

der Sehnsucht
die Wunde
heilen
Tränen
in Perlen
verwandeln
in der Liebe
verwurzelt
bleiben

230

in der
Umarmung
versunkene
Zeit
in der
Liebe
geborgene
Sehnsucht
verklungenes
Lied
in der
Stille

231

nur
in den
Liedern
kann
ich dich
beweinen
deinen Tod
die Wunde
heilen
die mir
der Schmerz
zufügte
mein Herz
hört deine
Stimme
immer noch

232

deine Tränen
auf meinen
Wangen
deine Lieder
auf meinen
Lippen
deine Stimme
in meinen
Träumen
meine Trauer
im Erbarmen
der Nacht

233

sich der
Liebe
anvertrauen
das Vertrauen
in das Leben
legen
Heilung
empfangen
von der
Gewissheit
getragen
vor der
Liebe
kann nur
Liebe
bleiben

234

in der
Weichheit
deiner
Umarmung
erwachen
den ruhigen
Schlag
deines
Herzens
hören
in der
Geborgenheit
dem Hauch
deines
Atems
lauschen
in der
Stille

235

mein
Schmerz
findet
Heimat
in deinem
Lied
meine
nicht
geweinten
Tränen
die Trauer
lichtet sich

236

mit dem
Wolkenfürst
tanzen
am Abendhimmel
den Duft
des weissen
Flieders
trinken
bis zum
Anbruch
der Dunkelheit
unter den
staunenden
Augen
der Sterne

Nahe der Schweizer Grenze, im heutigen Elsaß bei Bruntrut, liegt die Stammburg der Freiherrn von Gliers und Froberg. Der auf dieser Miniatur dargestellte Minnesänger könnte Wilhelm von Gliers (1267–1317 bezeugt) sein, der Schwiegersohn Walthers von Klingen (fol. 52r).

in dem
Ernst
und
in der
Sanftheit
deines Liedes
wächst
eine Blume
diese Rose
bin ich
blühen
verströmen
verschenken
will ich
mich

in Sanftmut
deiner
Stärke
schöpfe ich
Kraft
der gebrochene
Wille
richtet sich
auf
vom Lied
beseelt
träume
ich mich
zurück
ins Leben

aus meinen
Tränen
wächst
eine Blume
aus Salz
zerbrechlich
versteinert
das Herz
durch die
Trauer
schimmert
dein Lied

meine
Sanftmut
an deinem
Lied
heilen
meine
Sehnsucht
an deiner
Hingabe
deine
Rose
stillt
meinen
Schmerz

241

mich an
deiner
Liebe
laben
die Fülle
des Lebens
erahnen
die Sehnsucht
nach dir
in mir
gestillt

242

das Herz
leicht
nicht
beklommen
die Gewissheit
in dir
tragen
die Fülle
bleibt
trotz
Schmerz
wieder
lieben

sich der
Liebe
anvertrauen
die Weichheit
finden
das Schöne
empfangen
hinter der
Trauer
flackert
die Zuversicht
im Verborgenen
das Licht

der Vorsehung
vertrauend
das Glück
erwarten
in der
Sanftheit
der Zeit
träumen
bis das
Wunder
geschieht
den Zweibaum
umarmen
die Liebe
wächst
unbekümmert
still

245

dem Klang
der Sterne
lauschen
unter dem
alten
Kastanienbaum
in deiner
Umarmung
geborgen
beginnt
der Mond
seinen Lauf

246

Wasser
schöpfen
aus dem
Brunnen
des Lebens
dem Leben
die Liebe
nicht schuldig
bleiben
hell und
leicht
ist der Weg
dir zugewandt
mein Inneres
mein Herz
verwandelt

sich
auf den
Weg
begeben
dir begegnen
von Bäumen
gesäumtes
Glück
in Stille
Freude
und Licht
geborgene
Umarmung
in der
Ewigkeit des
Augenblicks

den Gürtel
der Liebe
angelegt
behutsam
achtsam
bereit
mit dir
zu gehen
den Weg
der Liebenden

249

durch
den Tod
der Einsamkeit
gegangen
in deiner
Liebe
auferstanden
still und
kraftvoll
auf den
Flügeln
der Gnade

250

mein Schmerz
hat sein
Grab
gefunden
mein Herz
Heilung
an deiner
Hingabe
Gnade
in uns
und
um uns die
Allgegenwärtigkeit
der Liebe
lindernde
Tränen

251

du begegnest
mir
mit deinem
lächelnden
Blick
staunend
stehe ich
im Regen
die Liebe
wird
allgegenwärtig
ich gehe
dir
entgegen
ohne Zögern
mich
wiederfindend

252

den Klängen
folgen
in die
Stille
dem Lied
in die
Hingabe
der helle
Stern
in deinem
Herzen
weist dir
den Weg

Die Sehnsucht des Zauberers

An einem Tag im Winter, zu der Zeit, als die Nächte am längsten und die Tage am kürzesten waren, der Schnee alle Farben wegwischte, die Landschaft sich hinter einem weissen Schweigen verbarg und über ihr ein Schleier aus Melancholie und Stille lag, die die tanzenden Schneesterne nicht berührten, bekam ich einen Brief von einem befreundeten Zauberer. Eigentlich schrieb er nie, sondern erschien dann und wann, mit einem Zweig, einer Blume, einem Gruss, einem Wunder oder einem Geheimnis, und dabei lächelte er hintergründig heiter. Voller Neugierde öffnete ich das Couvert und fand darin einen kleinen Schmetterling aus Papier. Vorsichtig nahm ich ihn in die Hand. Er schien sehr zerbrechlich zu sein, mit seinen hauchdünnen Flügeln aus kostbarem Seidenpapier. Nun sah ich, dass die Flügel beschrieben waren: «Komm morgen zur Dämmerung», das war der linke Flügel. Auf dem rechten Flügel stand geschrieben: «Wir wollen den Himmel betrachten.»

Als ich den zweiten Satz zu Ende gelesen hatte, bewegte er seine Flügel und flog davon. Ich habe mich wenig gewundert. Durch die Freundschaft mit dem Zauberer habe ich so viele Wunder erlebt, dass ich mich, wenn überhaupt, nur noch wenig wundere. Ich bin der Überzeugung, dass alles, was geschieht, ein Wunder ist. Ich liebe Wunder, und das ist vielleicht auch der Grund, warum wir uns gefunden haben, der Zauberer und ich. Morgen zur Dämmerung erwartet er mich. Ich freute mich und merkte, dass die weissgekleidete Schwermut mich nicht mehr erreichen konnte. Ich war nicht da, wo ich war, in Gedanken war ich schon beim Zauberer. Auf einmal sah ich den kostbar schimmernden Schmetterling zwischen den Schneesternen tanzen. Alle die er berührte, nahmen die Farben seiner Flügel an: manche wurden türkisfarben, manche korallenfarben, manche cyclamenfarben, andere nahmen die Farbe eines Amethyst, Beryll oder Malachit an. Der Schmetterling des Zauberers verwandelte die weisse Landschaft in eine Zauberlandschaft, bevor er verschwand.

Am nächsten Tag, als ich mich auf den Weg zum Zauberer machte, war die Landschaft wieder weiss. Nun kannte ich das alle Farben beinhaltende Geheimnis. Die Verhaltenheit schmerzte mich nicht mehr. Die Schneesterne wirbelten durch die Luft. Ich sah, dass nur wenige noch schmetterlingsflügelfarbene Spitzen hatten.

Das Haus des Zauberers lag genau an der Stelle, wo sich der Himmel mit der Erde berührt. Es war nicht weit und nicht nah. Es war nicht schwer und auch nicht leicht zu finden. Bis ich hinkam, hatte es längst aufgehört zu schneien. Ich hatte das Gefühl, als ob bald die Sonne scheinen würde.

Der Zauberer erwartete mich schon. Als er mir die Tür öffnete, die aus einem golddurchwirkten Brokatvorhang gefertigt war, trug er seine Frühlingsanfangshose und hielt einen Kelch mit rotem Lindenblütenwein in der Hand. Seine Augen funkelten wie Sterne, als er zu mir sagte: «Heute wird der Himmel besonders lange dauern.»

Die Dämmerung hatte, als ich den ersten Schritt hinter den Vorhang tat, angefangen. Wir setzten uns vor das Fenster, durch das man die Welt, vor allem aber den Himmel, sehen konnte. Auch ich bekam einen Kelch mit Lindenblütenwein. Den liess ich stehen, ich konnte meinen Blick von der Farbenpracht am Himmel nicht abwenden. Die untergehende Sonne, die am Tag nicht geschienen hatte, war hinter dem Kirchturm verborgen.

Sie vergoldete alle Dächer und Kamine. Der Himmel badete im Feuer. Es war kein Himmel mehr, den ich sah, sondern ein flamingorotes Meer, in dem taubenblaue Inseln schwammen, die von dem fliessenden Strom weggetragen wurden. Dann war es eine Wiese, auf der leuchtende Blumen wogten. Dahinter, in der Weite, zeichnete sich am azurblauen Himmel ein Wolkengebirge ab.

«Heute dauert der Himmel besonders lange», sagte der Zauberer und nippte an seinem Lindenblütenwein.

Ich hörte ihm zu, ohne die Augen abwenden zu können. Am Himmel zeichnete sich die Grenze zwischen Nähe und Ferne ab. Als das Rot zum Hintergrund wurde, sah ich goldene Feenhaare vorbeischweben. Der Himmel verdunkelte sich, der Glanz über den Dächern und Kaminen erlosch. Die Sonne war untergegangen. An einer Seite war der Himmel noch erhellt, dort, wo zwei Bäume nahe beieinander standen. Als die goldenen Feenhaare entschwanden, sah ich sie. Dann wurde es dunkel.

Ich blickte den Zauberer an und sah, dass er die beiden Bäume, deren Äste sich berührten, betrachtete. Seine Augen funkelten wie Sterne.

«Was sind das für Bäume?», fragte ich ihn.

«Sie sind aus meiner Sehnsucht entstanden», antwortete er mir, ohne seine Augen abzuwenden.

Jetzt wusste ich, dass er mir nicht nur den Himmel, sondern auch seine Sehnsucht gezeigt hatte.

«Sie sind wie zwei Menschen, die sich berühren», fügte er leise hinzu.

Die blauviolette Dunkelheit senkte sich über die Landschaft. Die beiden Bäume waren kaum mehr wahrzunehmen.

«Ich wollte, dass du es weisst», sagte der Zauberer zu mir, «ich wollte, dass du meine Sehnsucht kennst.»

aus *Näher als die Wirklichkeit*
Märchen vom Zueinanderfinden

Codex Manesse

Der «Codex Manesse», auch «Große Heidelberger Lieder-
handschrift» genannt (Cod. Pal. germ. 848), entstand zwi-
schen ca. 1300 und ca. 1340 in Zürich und ist die umfangreichs-
te Sammlung mittelhochdeutscher Lied- und Spruchdichtung.

Der Codex besteht aus 426 beidseitig beschriebenen Perga-
mentblättern im Format 35,5 × 25 cm, die von späterer Hand
foliiert wurden. Insgesamt befinden sich in ihr 140 leere und
zahlreiche nur zum Teil beschriebene Seiten.

Die Handschrift enthält 140 Dichtersammlungen in mittel-
hochdeutscher Sprache und umfasst fast 6000 Strophen. Ihr
Grundstock entstand um 1300 in Zürich. Die umfangreiche
Sammlung mittelhochdeutscher Lyrik des Zürcher Patriziers
Rüdiger Manesse und seines Sohnes gilt als eine der Haupt-
quellen für den «Codex Manesse». Mehrere Nachträge kamen
bis ca. 1340 hinzu. Die Handschrift gilt als repräsentative
Summe des mittelalterlichen Laienliedes und bildet für den
‹nachklassischen› Minnesang die hauptsächliche und in vielen
Fällen einzige Quelle.

Die in gotischer Buchschrift von mehreren Händen ge-
schriebene Handschrift überliefert die mittelhochdeutsche Ly-
rik in ihrer gesamten Gattungs- und Formenvielfalt von den
Anfängen weltlicher Liedkunst um 1150/60 bis zur Zeit der
Entstehung der Handschrift. Melodienotationen zu den Texten
fehlen. Der Text wurde nicht nur in immer wieder verbesserten
historisch-kritischen Ausgaben herausgegeben, sondern – im
Unterschied zu anderen Handschriften – auch zeichengenau
abgedruckt.

Berühmt wurde die Handschrift vor allem durch ihre farbenprächtigen, ganzseitigen Miniaturen, die den Strophen von 137 der Sänger vorangestellt sind (eine weitere, die keinem Dichter zugeordnet werden kann, ist nur bis zur Federzeichnung gediehen). Die Miniaturen zeigen die Dichter in idealisierter Form bei höfischen Aktivitäten und gelten als bedeutendes Dokument oberrheinischer gotischer Buchmalerei. Die Miniaturen wurden von vier Malern gefertigt; dem sog. Grundstock-Maler werden 110 Miniaturen zugeschrieben, dem ersten Nachtragsmaler 20, dem zweiten vier und dem dritten drei Miniaturen (+ eine Vorzeichnung).

Für die Reihenfolge der Dichter waren keine chronologischen oder regionalen Gesichtspunkte bestimmend, sondern es wurde das Prinzip der ständischen Rangordnung zugrunde gelegt. So steht am Anfang Kaiser Heinrich VI., der Sohn Friedrich Barbarossas. Es folgen Könige, Herzöge, Markgrafen, Grafen, Freiherren und Ministerialen und schließlich Bürgerliche.

Über die frühen Besitzverhältnisse der Handschrift ist nur wenig bekannt. Sie lässt sich erst wieder am Ende des 16. Jahrhunderts im Besitz des Schweizer Calvinisten Johann Philipp von Hohensax (1550–1596), der seit 1567 zeitweise als pfälzischer Rat und Amtmann für den pfälzischen Kurfürsten amtierte, nachweisen. Wenige Jahre nach der Ermordung von Hohensax erhob Kurfürst Friedrich IV. (1583–1610) einen Rechtsanspruch auf die Handschrift. Nach langwierigen Verhandlungen gelang es ihm im Jahr 1607, den Codex nach Heidelberg zu holen. Ob er schon in früheren Jahren einmal im Besitz der Kurfürsten war, ließ sich bislang jedoch nicht eindeutig nachweisen.

Die Kurfürsten konnten sich nur wenige Jahre an dem Besitz der kostbaren Handschrift erfreuen. Vor der Eroberung Heidelbergs durch die Truppen der katholischen Liga unter Feldherrn Tilly im Jahre 1622 wurde die Handschrift vermutlich von der kurfürstlichen Familie in Sicherheit gebracht und auf der Flucht mitgeführt.

Sie entging so – anders als die berühmte Bibliotheca Palatina – der Verbringung nach Rom in die Biblioteca Apostolica Vaticana. Wahrscheinlich hatte nach dem Tod Kurfürst Friedrichs V. seine Witwe, Elisabeth Stuart, den Codex in finanzieller Notlage verkauft. Er taucht erst wieder im Besitz von Jacques Dupuy auf, Kustos an der Königlichen Bibliothek in Paris, der er die Handschrift nach seinem Tod 1656 vererbte. Am 04. Juli 1657 ging sie offiziell in das Eigentum der Bibliothek über, wo sie dann für über 230 Jahre verblieb.

Die Bedeutung des Codex Manesse für die Überlieferung der deutschen Lyrik des Mittelalters und das damit verbundene große Interesse, das ihm von Seiten der Fachwissenschaft entgegen gebracht wurde, führten seit dem frühen 19. Jahrhundert zu verschiedenen Anstrengungen, die Handschrift nach Deutschland zurückzubringen. Aber weder die Verhandlungen nach dem Sieg über Napoleon noch verschiedene andere Bittgesuche und Tauschangebote führten zum Erfolg. Auch fachwissenschaftliche Gutachten erbrachten keine Anhaltspunkte für einen deutschen Rechtsanspruch.

Erst 1887 fädelte der in Heidelberg geborene Straßburger Buchhändler Karl Ignaz Trübner (1846–1907) ein kompliziertes Tauschgeschäft ein: Die Pariser Bibliothèque Nationale erhielt im Gegenzug für die Herausgabe der Manessischen Handschrift neben der Zahlung von 150 000 Francs insgesamt 166 wertvolle Handschriften – darunter 23 im Skriptorium von Tours entstandene karolingische Handschriften – zurück, die Bücherdiebe in den vierziger Jahren in Paris entwendet hatten. Reichskanzler Otto von Bismarck genehmigte die Bereitstellung der für den Ankauf der französischen Handschriften erforderlichen 400 000 Mark aus dem Dispositionsfonds, so dass diese von Trübner am 23. Februar 1888 in London an die französische Delegation übergeben werden konnten. Kaiser Friedrich III. verfügte, dass die Handschrift der Universitätsbibliothek Heidelberg als der rechtmäßigen Nachfolgerin der Bibliotheca Palatina zur ständigen Aufbewahrung übergeben werden sollte. Feldjäger brachten sie von Paris nach Heidelberg, wo sie am 10. April 1888 eintraf.

Angesichts drohender Kriegsgefahr wurde der Codex Manesse am 26. August 1939 zusammen mit den beiden Gründungsurkunden der Heidelberger Universität unter strengster Geheimhaltung in die Universitätsbibliothek Erlangen verbracht. 1942 fürchtete man im Badischen Ministerium dennoch um die Sicherheit der kostbaren Zimelien, so dass sie im August 1942 in einen Luftschutzkeller nach Nürnberg überführt wurden. An den gleichen Ort wurden zu diesem Zeitpunkt der Heidelberger Sachsenspiegel (Cod. Pal. germ. 164) und die Anthologia Palatina (Cod. Pal. graec. 23) ausgelagert. Nach Kriegsende wurden die Heidelberger Handschriften und Urkunden durch US-Offiziere nach Heidelberg zurückgebracht und wurden am 11. April 1947 wieder der Universitätsbibliothek übergeben.

Das bewegte Schicksal der Handschrift hat seine Spuren hinterlassen. So weisen viele Miniaturen kleinere oder größere Farbabsplitterungen auf und Tintenfraß hat an verschiedenen Stellen den Text verblassen lassen. Schon seit vielen Jahren wird der Codex im klimatisierten Tresor der Universitätsbibliothek aufbewahrt und wird heute aus konservatorischen Gründen nur noch äußerst selten im Rahmen von Ausstellungen gezeigt. Noch in Paris wurde 1852 das erste Teilfaksimile veröffentlicht. 1887 erschien anlässlich der 500-Jahrfeier der Heidelberger Universität (1886) eine rasch vergriffene Faksimileausgabe aller Miniaturen. 1925/1927 brachte dann der Leipziger Insel Verlag ein Vollfaksimile heraus. Ein Exemplar dieses Faksimiledrucks kann im Foyer des Obergeschosses der Universitätsbibliothek besichtigt werden.

Dr. Maria Effinger
Universität Heidelberg

Heinrich von Morungen entstammte einem in der Nähe
von Sangershausen beheimateten thüringischen
Ministerialengeschlecht. Urkundlich belegt ist nur sein
Tod im Leipziger Thomasklosters im Jahr 1222.

Mariana Fedorova
Im Herzen der Stille
Gedichte

Mit Fotografien von Pio Corradi
OFFIZIN Verlag, 2016
224 Seiten
Gebunden mit Schutzumschlag
ISBN 978-3-906276-33-5
www.stämpfliverlag.com

Mariana Fedorova
Bäume umarmen den Himmel
Gedichte

Mit Fotografien von Marianne Achermann
Münster Verlag, Basel, 2020
216 Seiten
Gebunden mit Schutzumschlag
ISBN 978-3-907146-97-2
www.muensterverlag.ch

Mariana Fedorova ist Dichterin und Malerin. Sie studierte an der Staatlichen Akademie der Bildenden Künste in Stuttgart und an der Universität Stuttgart in den Fächern Malerei, Kunstgeschichte und Kunstwissenschaft.

Schreiben bedeutet für sie wahrnehmen, innehalten, mitfühlen, sich berühren mit dem Leben. Ihre Gedichte lenken die Sicht auf das Sein und auf die wundersame, manchmal auch schmerzliche Märchenhaftigkeit des Lebens. Ihr erster Gedichtband «Im Herzen der Stille» erschien 2016 im Offizin Verlag Zürich (bestellbar bei Stämpfli Verlag Bern). Der zweite Gedichtband «Bäume umarmen den Himmel» mit 180 Baumgedichten, erschien 2020 im Münster Verlag Basel.